Apóstolo samuel Cameroun

EXISTE APENAS UMA FÉ!

Apóstolo samuel Cameroun

EXISTE APENAS UMA FÉ!

Efésios 4 : 4 - 6

CREDO EDICIONES

Imprint

Cover image: www.ingimage.com

Publisher:
CREDO EDICIONES
ist ein Imprint der / is a trademark of
International Book Market Service Ltd., member of OmniScriptum Publishing Group
17 Meldrum Street, Beau Bassin 71504, Mauritius
Printed at: see last page
ISBN: 978-613-4-42575-9

Décimo sétimo estudo da Bíblia/ 27

EXISTE APENAS UMA FÉ!

Efésios 4: 4 - 6

Para você!

Lembramos que este estudo bíblico, ***"Há uma Fé!*** *" faz parte de uma série de sete mensagens doutrinárias fundamentais inseparáveis; de Efésios 4: 4-6. Para Provérbios 9: 1 "A sabedoria edificou a sua casa; ela ergueu as suas sete colunas." "*

Toda a coleção é intitulada " **Aquele que lê, preste atenção! Outras Boas notícias! "**. *É composto por* 20 outros estudos bíblicos, *que o complementam. Todos esses estudos bíblicos foram planejados para o seu crescimento e edificação espiritual!!!*

A paz de Deus dentro, A alegria de Cristo fora...

PRÓLOGO ATIVADO...

Coleção da série cristã:

'' AQUELE QUE CAMA DE FAZER AVISO! ''

(Mateus 24:15)

Durante o curso de nossa caminhada espiritual, abordaremos os fundamentos da sã doutrina cristã, que é a coluna e o suporte da verdade. De acordo com o apóstolo Paulo encorajando seu fiel companheiro em 1 Timóteo 3: 14-15, ele escreveu a ele: '' *Eu te escrevo estas coisas, na esperança de voltar em breve, mas para que você saiba, se eu demorar, como devemos nos conduzir na casa de Deus, que é a Igreja do Deus vivo, coluna e sustentáculo da verdade.* '' Seguindo o apóstolo Paulo, os estudos desta série, ao longo, irão acoplar os temas bíblicos doutrina aos de profecia, porque Jesus Cristo exortando fraternalmente a Igreja que é `` Membro de seu Corpo está sempre presente ao lado de sua família. Para isso, os ensinamentos da presente coleção serão baseados principalmente nos livros conjuntos do *Apocalipse* (*Apocalipse*), justaposta com a de *Daniel,* para confirmar esta boa nova da mensagem do evangelho. Visto que, no final dos séculos, a doutrina evangélica, os dez mandamentos de Moisés e a profecia foram preciosamente recomendados aos cristãos genuínos, para servirem como seus compa ss na escuridão da escuridão do mal. Isso é por causa do espírito de confusão que levou à apostasia doutrinária, já fez muito popular, entre todos aqueles comunidades de reivindicação cristã que a Bíblia chama de " *Babilônia, a Grande A Mãe do Proibida!* " » *Apocalipse 17: 5.*

Além disso, devemos buscar a Deus com todas as nossas forças, nós que somos a geração no final da história deste mundo destinada à sua ruína iminente e eterna! Foi somente Jesus quem determinou as condições de sua salvação para qualquer um que sinceramente deseja escapar saindo deste mundo ímpio. Para ele solenemente declara: " *ninguém pode vir a ele, se o Pai não o trouxer...* " No entanto, uma vez que vem ao Senhor, vamos também sabem que Jesus acrescenta: " *ninguém pode vir a Deus sem passar por ele (Jesus)* ". Finalmente, qual é o objetivo da nossa caminhada cristã? E o que é a Igreja de Cristo? Pode ser uma organização denominacional? - As Assembléias Cristãs têm que depender de alguma agência governamental para provar que são a Igreja de Cristo?

Enquanto os verdadeiros cristãos estão se preparando para enfrentar a pior perseguição da história sagrada, pelo " *666* " que em breve condicionará todo homem, - Devem nossas finanças, como os dízimos, ser comprometidas para ganhar o céu? - Cristo ainda está presente nessas denominações chamadas Igrejas? - Quem deve ser o cabeça da Igreja de Cristo? - Como as comunidades cristãs estão sendo construídas atualmente sob o único pastor, Jesus Cristo? - A Igreja de Cristo tem líderes visíveis? - Esta Igreja de Cristo pode manter a corrupção? Isso pode comprometer nossa salvação por algumas doutrinas antibíblicas? Que igreja hoje está perfeitamente de acordo com a santa vontade de Cristo revelada na Bíblia?

Por todas essas perguntas e tantas outras que certamente esquecemos, a coleção `` *Que quem lê, preste atenção* '', oferece exclusivamente respostas bíblicas simples e bastante completas de acordo com cada tema abordado. As respostas a estas perguntas acima no enunciado, digamos assim, só serão dadas aos corações humildes, por isso esta série cristã *"Cuide-se ao que lê"*, é uma série de mensagens vivas. Eles foram elaborados com as necessidades espirituais de nossa geração em mente, especialmente as profecias de que a Bíblia, por meio de revelação e ensino doutrinário de Cristo, os apóstolos e profetas da antiguidade, nos convida a examinar incansavelmente dia e noite. em uma vida de oração, a sua realização, a fim de nos dar a força para aparecer em pé diante do Filho de Deus no último dia. Aqui está a promessa de Cristo à sua Igreja: *" Ao que vencer e* cumprir as *minhas obras até o fim, darei autoridade sobre as nações.* » Apocalipse 2:26

NB: Salvo indicação em contrário, as referências bíblicas citadas nos estudos são retiradas da versão das sagradas escrituras (Louis Second). E para cada tópico, você pode consultar o resumo no final. Pela indicação ordinal (pergunta-resposta), qualquer reação particular, poderia suscitar um apoio bíblico e/ ou comunitário personalizado, por menor que seja, quer se manifeste em nosso site, por telefone WhatsApp ou em nosso endereço de e-mail marcado ao final de cada página.

A Igreja apresenta assim a vocês uma série de *" 27 estudos bíblicos ",* complementando tantas mensagens de vídeo e áudio em uma versão eletrônica que pode ser baixada do site *www Christians-Église.org.* Tudo isso por igual número de livrinhos, a serem oferecidos aos poucos, conforme o Senhor Javé Deus provê com misericórdia e graça em Jesus Cristo!

Toda esta coleção é oferecida gratuitamente, a fim de respeitar o espírito de Cristo que nos recomendou doá-la, pois a recebemos gratuitamente:

ENTÃO NÃO PODE NINGUÉM VENDER ESTA PALAVRA DE DEUS!

Mas primeiro, convidamos você a receber a carta do Autor escrita para seus leitores. Esta carta pode servir como um roteiro e um guia educacional. No entanto, nunca é cristão acreditar que nosso Senhor agirá de forma idêntica em todos os casos, durante o seu crescimento espiritual, ou durante o ministério pastoral de evangelização através de você. É por isso que, mais uma vez, o convidamos a ficar atento à sua voz espiritual, através do canal infalível que representa para todos, a leitura assídua de sua palavra, a Bíblia.

CARTA DE ENCORAJAMENTO DO AUTOR, PARA VOCÊ!

Irmãos e irmãs, que a paz de Deus que ultrapassa todo o entendimento, guarde suas mentes em Cristo Jesus! "

Acolhe, tomando com a Igreja, o caminho estreito e estreito que conduz na eternidade, e do qual só O Filho de Deus é o Guia e o Pastor Soberano...

Em primeiro lugar, aconselharemos você durante seu estudo da Bíblia a ser crítico quanto ao significado das doutrinas às quais essas letras sagradas abordarão. Nisto, você estará seguindo as recomendações dos apóstolos de acordo com Atos 17:11. " *Esses judeus tinham sentimentos mais nobres do que os de Tessalônica; eles receberam a palavra com grande entusiasmo e examinaram as Escrituras todos os dias para ver se o que estava sendo dito a eles era correto.* "

Conforme você cresce como cristão, leia sua Bíblia regularmente. Ouça o Espírito

Santo. Compartilhe essa riqueza com outras pessoas. Seja generoso, especialmente com as pessoas ao seu redor. Saiba como encorajar iniciativas de estudo da comunidade. Teste aqueles que por um espírito de crítica vã, irão acusá-lo de um sectário. Lute sem se distrair com os inimigos de suas almas. Simplifique sua vida cristã. Ajude os pobres em sua vizinhança, começando pelos membros de sua família. Envolva-se em campanhas de evangelismo público. Explore todos os nichos de comunicação e divulgue as boas novas como semeadores de Vida!

Não ignore ninguém em suas orações. Invoque o favor do Senhor Deus sobre aqueles que te ouvem, mas também sobre aqueles que irão resistir a você. " Não tenha inimigos... viva em paz com todos... e esteja em perfeita harmonia... ", com toda a Igreja local de Cristo no país, cidade ou distrito de sua residência.

Irmãos e irmãs, " fujam do pecado " e " sejam santos " porque " nosso Deus é santo. " E em gratidão a Deus por ter te salvado e enviado ", cante para Ele constantemente e canções espirituais sob a inspiração de Seu Espírito. "

Como você " recebeu de graça ", por favor, não quebre esta cadeia de solidariedade! Com os novos discípulos, comece apresentando o evangelho e, a seguir, aborde os temas doutrinários com base no seu público e nas necessidades espirituais deles. Você poderá escolher os temas que mais lhe agradam, obedecendo à voz do Espírito Santo. E como o " eunuco etíope " sabe que Cristo se juntará a eles na estrada quando você se der ao trabalho de ensiná-los, especialmente aos jovens. Dai-vos aos vossos Irmãos cristãos « como oferta a Deus », porque « a colheita é grande, mas os trabalhadores são poucos. " Além disso, lembre- o da promessa de Cristo na parábola dos " obreiros da última hora "

Assim, " nossa alegria será perfeita " em saber que vocês estão a caminho da pátria celestial, sendo filhos de Deus e servos de Cristo, se vocês aprenderam que " não há maior amor do que dar a vida por aqueles que nós amor ". Assim como " há mais alegria em dar do que em receber "

Finalmente, ser feliz, enquanto espera para o nosso Salvador Jesus, que " vai se esqueça de sua participação na propagação do evangelho ea mensagem da verdade ". Não tenha medo, mas do próprio Deus. E depois, muito rapidamente, conte-nos sobre o seu testemunho: dons que o Espírito Santo terá concedido a você, com vistas ao aperfeiçoamento do corpo de Cristo. " Seja abençoado em todos os sentidos! "

Por isso, " ***AMADO*** *", receba como presente do Senhor Jesus estes estudos bíblicos, transmitidos pelo ministério de evangelização da sua Igreja nos Camarões, pelo seu devoto servo e modesto irmão africano, que deseja recordar que Yahwéh Dieu, através seu Filho Jesus Cristo, te ama com Amor Eterno. Acredite também em nosso devotado afeto fraterno, mediante a entrada do Espírito Santo. Amém!*

NB: *No final do estudo bíblico, deste título, você encontrará os diferentes temas propostos na coleção de estudos bíblicos* ***"Cuidado ao que lê"****. Lembramos aos leitores que esta série de estudos bíblicos cristãos está disponível* *gratuitamente para sua edificação em www.chrétiens-Église.org*

CAMARÕES SAMUEL, Apóstolo do SENHOR JESUS CRISTO.

camerounsamuel@gmail.com

Tel + 237 690600469 ou + 237 679647767

Texto Introdutório

Mateus 8: 6 - 13

O SÉCULO ROMANO

Quando Jesus entrou em Cafarnaum, veio um centurião, pedindo-lhe e dizendo: Senhor, o meu servo jaz em casa paralítico, terrivelmente atormentado. Jesus disse-lhe: Eu irei e o curarei. O centurião respondeu: Senhor, não sou digno de que entres sob o meu teto; mas diga apenas uma palavra, e meu servo será curado. Pois, eu que estou sujeito aos superiores, tenho soldados sob minhas ordens; e eu digo a um: Vá! E ele vai; para o outro: Vamos! E ele vem; e ao meu servo: Faça isso! E ele faz. Depois de ouvir isso, Jesus ficou maravilhado e disse aos que o seguiam: Em verdade vos digo que, mesmo em Israel, não encontrei uma fé tão grande. Agora vos digo que muitos virão do oriente e do ocidente e estarão à mesa com Abraão, Isaque e Jacó no reino dos céus. Mas os filhos do reino serão lançados nas trevas exteriores, onde haverá choro e ranger de dentes. Então Jesus disse ao centurião: Vai, seja feito segundo a tua fé. E naquela mesma hora o servo foi curado. "

INTRODUÇÃO

Visto que a fé é vista como um processo móvel de crescimento espiritual, **como foi transmitida aos primeiros crentes na cristandade?**

Acompanhemos o caso do próprio Jesus Cristo com seus discípulos, inspirando-nos no que o apóstolo Tiago tem a dizer sobre esse processo evolutivo de conhecer a Deus. " *Você acredita que só existe um Deus, você faz bem; os demônios também acreditam e tremem.* "Tiago 2:19

Nosso modelo: Jesus Cristo, O consumidor da fé cristã

Visto que o conhecimento de Deus é essencial para o crescimento espiritual, como isso já começa no que diz respeito ao conhecimento do Filho de Deus? Jesus sendo designado Consumidor da Fé, sendo também o Caminho que conduz ao Pai para levar à conclusão de todos os saberes indispensáveis à fé, pois " *A vida eterna consiste em conhecer-te o Único Deus Verdadeiro, e Aquele a quem enviaste Jesus Cristo!* "

1. Que pergunta Jesus apresenta aos seus discípulos para a jornada da fé? Lucas 9: 18-22

" Um dia, quando Jesus orava à parte, tendo consigo os seus discípulos, fez-lhes esta pergunta: (...)

2. Quem eles dizem que eu sou? Lucas 9: 18-22

" Eles responderam: João Batista; os outros, Elijah; os outros, aquele dos profetas antigos ressuscitou. E você, ele perguntou a eles, quem você diz que eu sou? Pedro respondeu: O Cristo de Deus. Jesus os aconselhou severamente a não contar a ninguém. Ele acrescentou que o Filho do homem deve sofrer muito, ser rejeitado pelos anciãos, pelos principais sacerdotes e pelos escribas, ser morto e ressuscitado no terceiro dia.. "

Arrependimento, JUSTIÇA, MISERICÓRDIA e FÉ CONHECIMENTO EXATO DE JESUS CRISTO e DE DEUS: ALGUMAS CHAVES PARA O NOVO NASCIMENTO.

3. E Deus não fará justiça aos seus eleitos, que clamam por ele dia e noite, e ele demorará a respeitá-los? Lucas 18: 1-8

" Jesus dirigiu-lhes uma parábola, para mostrar que devem orar sempre e nunca abrandar. Ele disse: Havia um juiz em uma cidade que não temia a Deus e não considerava ninguém. Havia também uma viúva naquela cidade que veio dizer a ele: Faça-me justiça pelo meu partido adversário. Por muito tempo ele recusou. Mas então disse a si mesmo: Embora eu não tenha medo de Deus, nem tenha consideração por ninguém, no entanto, porque esta viúva está me incomodando, farei sua justiça, para que ela não venha sem parar de quebrar minha cabeça. O Senhor acrescentou:

Ouça o que diz o juiz iníquo. E Deus não fará justiça aos seus eleitos, que clamam por ele dia e noite, e ele demorará com eles? Eu lhe digo, ele fará justiça a eles rapidamente.

4. Mas quando o Filho do homem vier, ele encontrará fé na terra? "

Nota: Visto que Jesus declara em *Lucas 18: 8 " Eu vos digo, ele prontamente lhes concederá justiça... "*, podemos deduzir disso que a fé existirá bela e bem no coração dos cristãos no dia da volta de Jesus. Porém, cabe a você respondê-las pessoalmente, pois a Bíblia declara que ninguém aceitará óleo de lamparina de seu irmão quando o dono da casa aparecer.

Bem anotado: Instruções que não devem ser esquecidas!

5. Se a mesma pergunta fosse feita a você: você tem FÉ? Qual seria a sua resposta?

Nota: A esta pergunta incômoda, analisemos as responsabilidades exigidas por uma Fé constante no esforço e imbuída da vigilância cristã, para assim merecer uma resposta madura. **Em primeiro lugar: não é esta "fé" transmitida pelos nossos gigantes de Deus pontuada de puras dúvidas para ser qualificada de autêntica? Segundo: não somos finalmente convidados a iniciá-lo, a criá-lo, além disso, a inová-lo como aqueles que nos precederam? Mas qual é a "fé" dos ex-reféns recentemente libertados do pecado?**

Nota: Se não for variável, não é simplesmente cristão! Porque aquele que possui a fé é antes de tudo um artista do amor: porque " *Nós vai pedir um monte daqueles que têm dado muito, e vamos exigir mais a quem de nós têm confiado muito..* " Mas é então aqui que está descobrindo sua identidade dentro da família dos redimidos como um qualificador para acreditar e ousar: **é este poder do dom de Deus que, portanto, conduz à FÉ?**

Nota: Porém, o paradoxo do cristão é que ele nem sempre sabe o que " *tem a priori* ", para
saber quem ele é "*a posteriori* "! Mas tome esta outra preocupação de quem hesita apesar da profusão de conhecimento! Atuando sem mandato e, em última análise, esperança sem profundas convicções divinas... Por uma vida cristã cheia de incertezas, com o resultado de uma existência mista no final!

6. De onde mais podem vir as dificuldades de uma vida cristã insatisfeita? *Lucas 12:34 - 48*

" Pois onde estiver o seu tesouro, aí estará também o seu coração. Que vossos lombos sejam cingidos e vossas lâmpadas acesas. E vocês, sejam como os homens que esperam que seu amo volte da festa de casamento, para lhe abrir a porta assim que ele chegar e bater. Bem-aventurados os servos que o senhor, quando vier, encontrará vigiando! Em verdade vos digo que ele se cingirá,

fará com que se sentem e se aproximará para servi-los. Quer ele chegue na segunda ou na terceira vigília, felizes esses servos, se ele os encontrar observando! Saiba bem, se o dono da casa soubesse a que horas o ladrão viria, ele ficaria de guarda e não deixaria sua casa invadir. Você também, esteja pronto, pois o Filho do homem virá na hora em que você não pensar nisso. Pedro disse-lhe: Senhor, estás a falar esta parábola para nós ou para todos? E o Senhor disse: Quem é, pois, o mordomo fiel e prudente a quem o senhor constituirá sobre o seu povo, para lhes dar o sustento no tempo devido? Bem-aventurado aquele servo a quem seu senhor encontrará fazendo isso quando ele vier. Eu te digo a verdade, ele vai colocá-lo no comando de todos os seus bens. Mas se este servo dissesse a si mesmo: Meu senhor tarda a chegar; se ele começar a bater nos servos e nas servas, para comer, beber e se embriagar, o senhor deste servo virá no dia em que ele não espera e na hora que ele não sabe, ele o despedaçará. pedaços, e dar a ele sua parte com os infiéis. O servo que, conhecendo a vontade de seu senhor, nada preparou e não agiu de acordo com sua vontade, será castigado com muitos açoites. Mas aquele que, não a tendo conhecido, fez coisas dignas de punição, será espancado com poucos golpes. **Muito será pedido àqueles que muito deram, e mais será pedido àqueles a quem muito foi confiado.** "

NOTA: A este passo essencial contido neste texto lido anteriormente, observemos um exemplo, tão próximo quanto original: o de um estrangeiro, a fé do centurião romano.

Essa "fé" é surpreendente em mais de uma maneira. Em primeiro lugar, porque apresenta um pedido que até então se expressou de forma diferente. Ela não vem buscar ajuda para um membro da família imediata do interlocutor de Jesus! Na verdade, desde o início, Jesus só havia sido abordado para uma assistência de interesse estritamente familiar e, portanto, acima de tudo judeu... Ainda desta vez, " *Pois, eu que estou sujeito aos superiores, tenho soldados sob meu controle. pedidos; e eu digo a um: Vá! E ele vai; para o outro: Vamos! E ele vem; e ao meu servo: Faça isso! E ele faz!* "

Embora iluminado no princípio da fé, O Centurião Romano, este homem pertencente à nação inimiga de Deus, não apresentará matematicamente a aplicação deste princípio da Fé, como um direito absoluto, como um adquirido pelo simples tornado seu conhecimento lógico, mas com uma abordagem recém-introduzida de Jesus. Vejamos sua abordagem tão especial quanto suas surpreendentes origens romanas! Principalmente porque já sabemos que Jesus veio exclusivamente para a nação judaica! *" Senhor, não sou digno de entrar sob o meu teto; mas diga apenas uma palavra, e meu servo será curado.»* (***Conferir Lição N ° 1 para mais detalhes:*** **O Batismo de Jesus Cristo, A Unção do Santo dos Santos**).

7. Quanta "Fé" existe nas Sagradas Escrituras? Efésios 4: 4-6

" Há um só corpo e um só Espírito, como também fostes chamados a uma só esperança pela vossa vocação; há um só Senhor, ***uma fé,*** *um batismo,*

um Deus e Pai de todos, que está acima de todos, e entre todos, e em todos "

Nota: fé cristã é uma palavra sempre usada no singular, por isso " *só existe uma fé* "

8. Mas o que é fé? Hebreus 11: 1-3

" Ora, a fé é uma certeza firme das coisas que esperamos, uma demonstração daquelas que não vemos. Por tê-lo possuído, os élderes obtiveram testemunho favorável.

9. Qual é a maior manifestação de fé no universo?
Hebreus 11, 12: 1-40, 12: 1-8 " É pela fé que sabemos que o mundo foi formado pela palavra de Deus, de modo que o que vemos não foi feito. Das coisas visíveis. "

10. O acesso ao dom da fé é uma busca humilde. Qual é a rota? *Mateus 15: 24-28 " Senhor, não sou digno de entrar sob o meu teto "*

11. Outra vez, Jesus protestou contra um pedido semelhante. Mas por que isso?
" Ele respondeu: " Fui enviado apenas às ovelhas perdidas da casa de Israel. Mas ela veio e se curvou a ele, dizendo: Senhor, ajuda-me! Ele respondeu: Não é bom pegar o pão dos filhos e jogá-lo nos cachorrinhos. Sim, Senhor, ela disse, mas os cachorrinhos comem as migalhas que caem da mesa de seus donos. Disse-lhe então Jesus:

Mulher, grande é a tua fé; deixe ser feito como você deseja. E agora mesmo sua filha foi curada. "

12. Por que o oficial romano se considera indigno de receber Jesus?

Mateus 15: 24-28 " *Mas dize apenas uma palavra, e o meu servo será curado.* "

NOTA: " *Basta dizer uma palavra* ". Este soldado de origem pagã, que também é um suposto inimigo da nação de Israel, tem o conhecimento necessário para a salvação em Cristo. Ele o lembra disso como o primeiro pilar da fé em Deus, ou seja, a Palavra. " *Se você acredita em seu coração, e se você confessar com a sua boca, você será salvo!* " "

13. Ao citar seu exemplo, o oficial romano justifica a submissão de Jesus, por sua vez, a uma autoridade superior? Se sim, qual?

Mateus 15: 24-28 " *Pois eu, que estou sujeito aos superiores, tenho soldados sob o meu comando; e eu digo a um: Vá! E ele vai; para o outro:*

Vamos! E ele vem; e ao meu servo: Faça isso! E ele faz. "

NOTA: 1 Coríntios 15: 20-28 " *E como em Adão todos morrem, assim também em Cristo todos serão vivificados, mas cada um na sua própria ordem. Cristo como as primícias, depois os que pertencem a Cristo na sua vinda. Então o fim virá, quando ele entregar o reino a Deus e Pai, depois de destruir todo o domínio, autoridade e poder. Pois ele deve reinar até que tenha posto todos os inimigos sob seus pés. O último inimigo a ser destruído é a morte. Deus, de fato, colocou tudo sob seus pés. Mas quando ele diz que tudo foi submetido a ele, é evidente que aquele que tudo lhe foi submetido está excluído. E quando todas as coisas lhe foram submetidas, então o Ele mesmo estará sujeito àquele que tudo lhe submeteu, para que Deus seja tudo em todos* ".

14. De acordo com a passagem em Mateus 15: 24-28, **como seriam os súditos de Jesus como os do Centurião?** Apocalipse 1: 1

" *Revelação de Jesus Cristo, que Deus lhe deu para mostrar aos seus servos o que está para acontecer em breve, e que ele deu a conhecer, enviando o seu anjo, ao seu servo João "*

15. O que era o oficial romano esperando que Jesus tivesse acesso a um pedido de ajuda? Mateus 15: 24-28

" *Basta dizer uma palavra* ". Pela simples razão óbvia de que " *No princípio era o Verbo, e o Verbo estava com Deus, e o Verbo era Deus". Ela estava no começo com Deus. Todas as coisas foram feitas por ela, e nada do que foi feito foi feito sem ela. Nela estava a vida, e a vida era a luz dos homens.* "João 1: 1 - 4

16. Como Jesus avalia a fé desse oficial romano?

Mateus 15: 24-28 " *Depois de ouvir isso, Jesus ficou pasmo* " Atos 18: 24-28 " *Um judeu chamado Apolo, originário de Alexandria, um homem eloqüente e versado nas Escrituras, veio a Éfeso. Ele foi instruído no caminho do Senhor e, fervoroso de espírito, proclamou e ensinou com exatidão sobre Jesus, embora só conhecesse o batismo de João. Começou a falar livremente na sinagoga. Áquila e Priscila, ouvindo-o, levaram-no com eles, e explicou-lhe com mais exatidão o caminho de Deus. Como ele queria ir para a Acaia, os irmãos o encorajaram a chegar lá e escreveram aos discípulos que o recebessem. Quando ele se fez, pela graça de Deus, muito útil para aqueles que tinha acreditado; Porque ele fortemente refutou os judeus em público, demonstrando pelas Escrituras que Jesus é o Cristo. "*

17. A que outro exemplo este episódio nos refere? Mateus 15: 24-28

" Ele respondeu: " Fui enviado apenas às ovelhas perdidas da casa de Israel. Mas ela veio e se curvou a ele, dizendo: Senhor, ajuda-me! Ele respondeu: Não é bom pegar o pão dos filhos e jogá-lo nos cachorrinhos. Sim, Senhor, ela disse, mas os cachorrinhos comem as migalhas que caem da mesa de seus donos. Disse-lhe então Jesus: Mulher, grande é a tua fé; deixe ser feito como você deseja. E agora mesmo sua filha foi curada. "

DUAS PESSOAS ESTRANGEIRA S À NAÇÃO DE ISRAEL: RESULTADO DA MESMA FÉ!

18. Como o soldado romano e a mulher siro- fenícia foram encorajados por Jesus, seguindo suas respectivas buscas?

" E disse aos que o seguiam: Em verdade vos digo que até em Israel não encontrei uma fé tão grande. "

19. E para tirar qualquer ambigüidade sobre sua missão em favor do resto do mundo, o que Jesus diz sobre isso?

" Agora vos digo que muitos virão do leste e do oeste e estarão à mesa com Abraão, Isaque e Jacó no reino dos céus. "

20. Por outro lado, que ultimato Jesus deu aos judeus?

" Mas os filhos do reino serão lançados nas trevas exteriores, onde haverá choro e ranger de dentes. "

21. Mas foi essa fé surpreendente em favor dos enfermos a expressão perfeita de fé que conduz à salvação eterna?

" Disse então Jesus ao centurião: Vai, seja feito segundo a tua fé. E naquela mesma hora o servo foi curado. "

22. Jesus pode ficar surpreso? Ele que sabia tudo sobre o homem. *" Depois de ouvir isso, Jesus ficou pasmo e disse aos que o seguiam: Em verdade vos digo que, mesmo em Israel, não encontrei uma fé tão grande.*

Nota: Deus é Espírito e ele só pode falar com o Espírito. No princípio, Deus criou os céus e a terra em nosso livro de Gênesis 1: 1.

Nota: Depois de várias criações, Deus disse: *" Façamos o homem à nossa imagem, à nossa semelhança, e os deixemos governar sobre* *os peixes do mar, sobre as aves do céu, sobre o gado, sobre toda a terra, e sobre todos os répteis que rastejam sobre a terra. "* E Deus criou o homem à sua imagem, criou-o à imagem de Deus, criou o homem e a mulher. Vamos entender bem que os termos " *na imagem de Deus* ", pois a Bíblia, significaria que o homem possui dentro de si o Espírito de Deus, que lhe conferiria uma natureza inteligente e livre de escolha. No entanto, este estado de consagração especial desfrutado por Adão e Eva, esmaecido quando um incidente ocorreu no Jardim do Éden, os primeiros espécimes da humanidade, pecaram contra Deus por obedecer à voz de Satanás que entrou em ação em suas vidas, e eles foram compelidos para voltar ao assunto de onde foram tirados: a terra. Assim, nossos dois parentes, rompeu seu relacionamento com Deus, porque o Senhor em ordenou em Gênesis 2: 16 " *Você pode comer de todas as árvores do jardim; mas não comerás da árvore do conhecimento do bem e do mal, porque no dia em que dela comeres morrerás.* "

23. Mas que morte foi? Biológico ou espiritual?

1 Coríntios 15: 48-57 " *Como o terreno, tais são também os terrestres; e como é o celestial, tais também são celestiais. E assim como carregamos a imagem do terreno, também carregaremos a imagem do celestial. O que estou dizendo, irmãos, é que carne e sangue não podem herdar o reino de Deus, e a corrupção não herda a incorruptibilidade. Eis que vos digo um mistério: nem todos morreremos, mas todos seremos transformados, num instante, num abrir e fechar de olhos, ao som da última trombeta. A trombeta soará, e os mortos serão ressuscitados incorruptíveis, e nós seremos transformados. Pois este corruptível deve revestir-se de incorruptibilidade e este mortal deve revestir-se da imortalidade. Quando este corruptível se revestir de incorruptibilidade e este mortal se revestir da imortalidade, então a palavra que está escrita se cumprirá: a morte foi tragada pela vitória.* "

24. Ó morte, onde está sua vitória? Ó morte, onde está o seu aguilhão? " *O aguilhão da morte é o pecado; e o poder do pecado é a lei. Mas graças a Deus, que* *nos dá a vitória por nosso Senhor Jesus Cristo! "*

25. O homem comeu o fruto! Sim ou não? Gênesis 3: 9-12

" Mas o Senhor Deus chamou o homem e disse-lhe: Onde estás? Ele respondeu: Ouvi a tua voz no jardim e tive medo, porque estava nu e me escondi. E o Senhor Deus disse: Quem te disse que estás nu? Você comeu da árvore que eu te proibi de comer? O homem respondeu: A mulher que você colocou comigo me deu uma árvore e eu comi. "

NOTA: Pois o homem depois de comer a árvore proibida não morreu naquele dia! Ele mesmo viveu 950 anos após seu crime, podemos concluir que a morte da qual ele estaria sujeito obviamente não era esta morte física da qual todos os homens compartilham após o pecado de Adão, mas sim a morte espiritual! É por isso...

26. Adão, depois de ter comido o fruto proibido, por que ele

não morreu imediatamente dele naquele mesmo dia? *Gênesis 3: 17-19*
" Ele disse ao homem, já que você ter escutado a voz de tua mulher, e comeste da árvore da qual te ordenei Não comereis dele. o chão será amaldiçoado por sua causa. Por meio do trabalho, você obterá alimento dela todos os dias de sua vida; ela produzirá espinhos e espinhos, e você comerá a grama do campo. É com o suor do seu rosto que você comerá o pão, até que volte para a terra, da qual você foi tirado; porque você é pó e voltará ao pó. "

NOTA: Mas não é a morte da carne, mas a do Espírito que é uma morte espiritual. Significa apenas que quando Adão e Eva comeram o fruto proibido, seus corações se corromperam e o espírito de Deus que estava neles foi embora. E a partir de então, Adam tornou-se espiritualmente morto. Naquele mesmo dia, ele cortou a comunicação com Deus. Porque *" Deus é espírito e fala apenas ao espírito vivente do homem "*. *João 4:21 - 24 " Mulher ", disse Jesus a ela, "acredite em mim, está chegando a hora em que você adorará o Pai, nem neste monte nem em Jerusalém. Você ama o que não conhece; adoramos* *o que sabemos, pois a salvação vem dos judeus. Mas está chegando a hora, e já chegou, em que os verdadeiros adoradores adorarão o Pai em espírito e em verdade; pois esses são os adoradores que o Pai pede. Deus é Espírito, e aqueles que o adoram devem adorá-lo em espírito e em verdade.* "

27. Mas quais são as condições do novo nascimento espiritual?

NOTA: Cristo dirá a Nicodemos: *John 3: 5*
" *Jesus respondeu: Em verdade, em verdade vos digo que, exceto um homem não nasce da água e do Espírito, não pode entrar no reino de Deus.. O que é nascido da carne é carne; eo que é nascido do Espírito é espírito. não se surpreenda que eu lhe disse: você deve nascer de novo. o vento sopra onde quer, e ouves a sua voz; mas você don' Não sei de onde vem e para onde vai. O mesmo acontece com todo homem que é nascido do Espírito. Nicodemos lhe disse: Como se pode fazer isso? Jesus lhe respondeu: Tu és o mestre de Israel, e não o fazes Sabe as coisas das teses? Em verdade, em verdade, eu digo a você, nós falamos o que sabemos e prestamos testemunho do que vimos; e você não recebe nosso testemunho Se você não*

acreditar Quando eu lhe falei sobre as coisas terrenas, como você vai acreditar quando eu falar sobre as coisas celestiais? Ninguém subiu ao céu, exceto aquele que desceu do céu, o Filho do homem que está nos céus. "

28. Então, qual é a conseqüência da desobediência de nossos primeiros pais no Jardim do Éden? 1 Coríntios 15: 20-28

" Mas agora Cristo ressuscitou dos mortos, ele é as primícias dos que morreram. Pois, visto que a morte veio por meio de um homem, a ressurreição dos mortos também veio por meio de um homem. E como todos morrem em Adão, também todos viverão em Cristo, mas cada um em sua própria categoria. Cristo como as primícias, depois as que pertencem a Cristo na sua vinda. Então o fim virá, quando ele entregar o reino a Deus e Pai, depois de destruir todo o domínio, autoridade e poder. Pois ele deve reinar até que tenha posto todos os inimigos sob seus pés. O último inimigo a ser destruído é a morte. Deus, de fato, colocou tudo sob seus pés. Mas quando ele diz que tudo foi submetido a ele, é evidente que aquele que tudo lhe foi

submetido está excluído. E quando todas as coisas lhe tiverem sido submetidas, então o próprio Filho estará sujeito àquele que todas as coisas lhe foram submetidas, para que Deus seja tudo em todos. "Hebreus 9: 15-17" *E é por isso que ele é o mediador de uma nova aliança, para que, tendo a morte intervindo para o resgate das transgressões cometidas sob a primeira aliança, aqueles que foram chamados recebam a herança eterna que lhes foi prometida. Para onde houver testamento, é necessário que seja anotado o falecimento do testador. Um testamento, de fato, só é válido em caso de morte, uma vez que não tem força enquanto o testador estiver vivo.* "

29. Adão não mais carregando o espírito de Deus nele, os filhos nascidos após seu pecado, de quem eles terão a semelhança?

1 Coríntios 1 15: 42-47 " *Assim é com a ressurreição dos mortos. O corpo é semeado corruptível; ele se levanta incorruptível; é semeado desprezível, é ressuscitado glorioso; ele é semeado aleijado, ele ressuscita cheio de força; é semeado um corpo animal, é ressuscitado um corpo espiritual. Se*

existe um corpo animal, também existe um corpo espiritual. É por isso que está escrito: O primeiro homem, Adão, tornou-se uma alma vivente. O último Adão tornou-se um espírito vivificador. Mas o que é espiritual não é o primeiro, é o que é animal; o que é espiritual vem a seguir. O primeiro homem, tirado da terra, é terreno; o segundo homem é do céu. "

NOTA: Infelizmente Adão, este primeiro ancestral humano da humanidade que Deus criou, logo após seu crime cometido após a quebra da proibição de Deus sobre o consumo do fruto proibido no Jardim do Éden, começou a dar à luz filhos também carregando dentro deles o sementes espirituais desta desobediência: a morte. Isso também significaria que os filhos deste primeiro casal caído também herdaram a semente da morte espiritual e não poderiam mais ser qualificados para a promessa de Deus, ou seja, a vida eterna, sem primeiro passar pela redenção do sangue essencial de a graça de Jesus Cristo. Por causa da herança da decadência que o pecado terá sido introduzida por nossos ancestrais Adão e Eva, os homens não serão lançados no lago de fogo apenas por terem cometido pecados, mas acima de tudo por terem recebido a natureza adâmica da desobediência desde o nascimento. Causando repentinamente em toda esta raça humana, a dor da morte resultante do fruto do conhecimento do bem e do mal originário. *Gênesis 3: 3*

30. Mas Adão e sua família experimentaram imediatamente a morte após a profanação da lei divina? *Gênesis 2: 16-17*

" O Senhor Deus ordenou ao homem: Você pode comer de todas as árvores do jardim; mas não comerás da árvore do conhecimento do bem e do mal, porque no dia em que dela comeres morrerás. "

NOTA: Não!

31. A razão pela qual Adão não morreu no dia em que comeu o fruto proibido como Deus o advertiu *2 Pedro 3: 8-10*

" Mas há uma coisa, amado, que você não deve ignorar, é que para o Senhor um dia é como mil anos, e mil anos são como um dia. "

32. Se um "dia é igual a 1000 anos", até que idade Adão viveu então?

Gênesis 5: 5 " Todos os dias que Adão viveu foram ***novecentos e trinta anos;*** *então ele morreu. "*

33. Mas por que Adão não soube imediatamente da morte naquele mesmo dia?

2 Pedro 3: 8-10 " O Senhor não tardará em cumprir a promessa, como alguns acreditam; mas ele é paciente com você, não querendo que ninguém pereça, mas quer que todos cheguem ao arrependimento. O dia do Senhor virá como um ladrão; naquele dia, os céus passarão com estrondo, os elementos ígneos serão dissolvidos e a terra e as obras que ela contém serão consumidas. "

34. Então, como estamos preocupados? Atos 17: 26-28

" Ele fez todos os homens, nascidos do mesmo sangue, habitarem sobre toda a face da terra, tendo determinado a duração e os limites de sua habitação; ele queria que eles buscassem o Senhor e se esforçassem para encontrá-lo tateando, embora ele não esteja longe de cada um de nós, pois nele temos vida, movimento e existência. Assim também disseram alguns de seus poetas: Dele somos a raça... "

NOTA: Isso porque todos nós nascemos de um só sangue, o que significaria que somos a geração de um Adão morto, e sem a `` salvação '' em Jesus Cristo, sempre seremos também mortas espirituais, conseqüência de o que resultaria em morte biológica. Por ter nascido depois que Adão tornou-se espiritualmente morto, carregamos a amostra de um Adão morto. Todo homem nascido na terra carrega consigo as sementes da morte espiritual. Portanto, não é a prática do pecado na vida dos homens que os torna pecadores, mas é essa natureza herdada de

Adão que é sua causa absoluta! Conclusão Os homens não são condenados por terem pecado! Antes, por não ter aceitado a Cristo como Filho de Deus e Salvador. Vamos = s ler Romanos 5:12 " *Portanto, como por um só homem entrou o pecado no mundo, ea morte por intermédio do pecado, e assim a morte se espalhou a todos os homens, porque todos têm pecado...* ".

35. Como Jesus qualificou aqueles que têm apenas vida biológica adâmica? Lucas 9:60

" *Mas Jesus disse-lhe: Deixa a mortos enterrem seus mortos; e você, vá e proclame o reino de Deus.* "

NOTA: Mas pela graça do Altíssimo, temos não só recebeu uma vida natural, que é púlpito que Jesus chamou aqueles que tê-lo como " *mortos povo*" Lucas 9:60 " *Mas Jesus disse-lhe: Deixe o morto enterrar deles. morto; e você, vá e proclame o reino de Deus.* " Jesus também fala de um novo nascimento espiritual a um de seus discípulos vindo pelo Dr. Israel se reunir discretamente para negociar sua eternidade. Esse homem se chamava Nicodemos.

36. Então, como é possível que uma morte espiritual trabalhe para Deus? Os servos de Deus não devem nascer de sangue *" nem da vontade do púlpito, muito menos da vontade do homem. "* João 1: 12-13. Exemplo típico, o nascimento de Ismael por Agar.

FALSAS CONCEPÇÕES DO NOVO NASCIMENTO

37. O zelo para evangelizar é prova suficiente de ter adquirido nascimento espiritual? Atos 18: 24-28

Um judeu chamado Apolo

" Um judeu chamado Apolo, natural de Alexandria, um homem eloqüente versado nas Escrituras, foi a Éfeso. Ele foi instruído no caminho do Senhor e, fervoroso de espírito, proclamou e ensinou acuradamente a respeito de Jesus, embora conhecesse apenas o batismo de João. Ele começou a falar livremente na sinagoga. Áquila e Priscila, ouvindo-o, levaram-no consigo e explicaram-lhe com mais exatidão o caminho de Deus. Como ele queria ir para a Acaia, os irmãos o encorajaram lá e escreveram aos discípulos para recebê-lo. Quando ele chegou, ele se fez, pela graça de Deus, muito útil para aqueles que acreditaram; Porque ele refutou fortemente os judeus em público, demonstrando pelas Escrituras que Jesus é o Cristo. "

38. É verificado que todo batismo dá vida espiritual? *1 Coríntios 15:29*
"Do contrário, o que fariam aqueles que são batizados pelos mortos? Se os mortos absolutamente não ressuscitam, por que são batizados por eles? " Atos 19: 2-5 " Você recebeu o Espírito Santo quando creu? Responderam-lhe: Nós nem sequer ouviu falar que há um Espírito Santo. Ele diz:...

39. Qual foi o seu batismo então? *E eles responderam: Desde o batismo de João. Então Paulo disse: João batizou com o batismo do arrependimento, dizendo ao povo para crer naquele que veio depois dele, isto é, em Jesus. Com essas palavras, eles foram batizados em nome do Senhor Jesus. "*

40. O zelo na oração confirma o nascimento espiritual?

Cornelius o centurião romano

Atos 10: 1-48 " Havia um homem em Cesaréia chamado Cornélio, um centurião da chamada coorte italiana. ***10.2*** *Este homem era piedoso e* *temia a Deus com toda a sua casa; ele deu muitas esmolas ao povo e orou a Deus continuamente.* **10.3 Por** *volta da hora nona do dia, ele viu claramente em uma visão um anjo de Deus que se aproximava dele e lhe dizia: Cornélio!* "

41. A caridade para com os outros garante o novo nascimento?

Cornélio, o Centurião Romano Atos 10: 1 - 48 " *Com os olhos fixos nele e aterrorizado, ele respondeu: O que é isto, Senhor? E o anjo disse-lhe: As tuas orações e as tuas esmolas subiram perante Deus, e ele se lembrou disso. Agora mande homens a Jope e chame Simão, cujo sobrenome é Pedro; ele está hospedado com um certo Simão, curtidor, cuja casa fica perto do mar. Assim que o anjo que falara com ele partiu, Cornélio chamou dois de seus servos e um soldado piedoso dentre os que estavam ligados a ele. ele mesmo; e depois de contar tudo a eles, ele os mandou para Jope. No dia seguinte, quando já estavam a caminho e se aproximando da cidade, Pedro subiu ao telhado, por volta da hora sexta, para orar. Ele estava com fome e queria comer. Enquanto preparavam comida para ele, ele* *caiu em êxtase. Ele viu o céu aberto, e um objeto como uma grande toalha de mesa amarrada nos quatro cantos, descendo e descendo em direção à terra, e onde estavam todos os quadrúpedes e os répteis da terra e os pássaros do céu. E uma voz lhe disse: Levanta-te, Pedro, mata e come. Mas Pedro disse: Não, Senhor, porque eu nunca comi nada impuro ou impuro. E pela segunda vez a voz foi ouvida novamente a ele: O que Deus declarou puro, não o considere como impuro. Isso aconteceu até três vezes; e imediatamente depois, o objeto foi retirado para o céu. Embora Pedro não soubesse por si mesmo o que pensar do significado da visão que tivera, eis que os homens enviados por Cornélio, tendo perguntado sobre a casa de Simão, apresentaram-se à porta e perguntaram em voz alta se era onde Simão, apelidado de Pedro, estava hospedado. E enquanto Pedro refletia sobre a visão, o Espírito disse-lhe: Eis que três homens te perguntam; levanta-te, desce e vai com eles sem hesitar, pois fui eu quem os enviei. Pedro desceu, pois, e disse a estes homens: Eis que eu sou aquele a quem procurais; qual é o motivo que te traz? Eles responderam: Cornélio, centurião, um homem justo e temente a Deus, e de quem toda a nação dos judeus dá bom testemunho, foi divinamente avisado por um santo anjo para trazê-lo à sua casa e ouvir suas palavras. Pedro, portanto, os trouxe e os hospedou. No dia seguinte, ele se levantou e foi com eles. Alguns dos irmãos de Joppa o acompanharam. Eles chegaram a Cesaréia no dia seguinte. Corneille estava esperando por eles e convidou seus pais e amigos íntimos. Quando Pedro entrou, Cornélio, que fora ao seu encontro, prostrou - se a seus pés e prostrou-se. Mas Pedro o levantou, dizendo: Levanta-te; Eu também sou um homem. E conversando com ele, ele entrou, e encontrou muitas pessoas reunidas. Você sabe, ele lhes disse, que é proibido a um judeu se ligar a um estranho ou entrar em sua casa; mas Deus me ensinou a não considerar nenhum homem imundo e imundo. É por isso que não tive objeções a vir, já que você me chamou; Portanto, pergunto-lhe qual o motivo que enviou para mim. Cornelius disse: Quatro dias atrás a esta hora eu estava orando em minha casa na hora nona; e eis que um homem vestido com uma vestimenta brilhante se pôs diante de mim e disse: Cornélio, tua oração foi ouvida e Deus se lembrou de tua esmola. Enviai pois a Jope e chamai Simão, cujo sobrenome é Pedro; ele está hospedado em casa de Simão, o curtidor, perto do mar. Mandei imediatamente para você, e você fez bem em vir. Agora, pois, estamos todos diante de Deus, para ouvir tudo o que o Senhor ordenou que você nos diga. Então Pedro abriu a boca e disse: Em verdade eu sei que Deus não tem respeito pelas pessoas, mas aquele que o teme e pratica a justiça o agrada em todas as nações. Ele enviou a palavra aos filhos de Israel, proclamando a paz a eles por meio de Jesus Cristo, que é o Senhor de todos. Você sabe o que aconteceu em toda a Judéia, depois de ter começado na Galiléia, após o batismo que João pregou; vocês sabem como Deus ungiu Jesus de Nazaré com o Espírito Santo e com força, que ia de um lugar a outro fazendo o bem e curando todos os que estavam sob o império do diabo, pois Deus era com ele. Somos testemunhas de tudo o que ele fez na terra dos judeus e em Jerusalém. Eles o mataram, pendurando-o em uma madeira. Deus o ressuscitou no terceiro dia, e permitiu que ele aparecesse, não a todo o povo, mas a testemunhas escolhidas por Deus de antemão, para nós que comemos e bebemos com ele depois que ele ressuscitou. mortes. E Jesus nos mandou pregar ao povo e testificar que ele foi designado por Deus para julgar os vivos e os mortos. Todos os profetas dão testemunho dele que todo aquele que nele crê recebe o perdão dos pecados nominalmente. Enquanto Pedro ainda falava essas palavras, o Espírito Santo desceu sobre todos os que ouviram a palavra. Todos os fiéis circuncidados que tinham vindo com Pedro ficaram maravilhados porque o dom do Espírito Santo também foi derramado sobre os pagãos. Porque os ouviam falando em línguas e glorificando a Deus. Então Pedro disse: Podemos recusar a água do batismo àqueles que receberam o Espírito Santo assim como nós? E ele ordenou que fossem batizados em nome do Senhor. No qual eles imploraram que ele ficasse alguns dias com eles. "*

42. É um nascimento anunciado profeticamente o sinal de um nascimento espiritual? Samuel, o Profeta Mais Jovem *1 Samuel 1: 27-28*

" Foi por essa criança que orei, e o Senhor respondeu minha oração a ela. Por isso, quero emprestar ao Senhor: será lento para o Senhor durante toda a sua vida. E ali eles adoraram perante o Senhor. " 1 Samuel 3: 3-8 " A lâmpada de Deus ainda não havia se apagado, e Samuel

jazia no templo do Senhor, onde estava a arca de Deus. Então o Senhor chamou Samuel. Ele respondeu: Estou aqui! E correu a Eli, e disse: Aqui estou; para você me chamou. Eli atendeu, não telefonei; volte para a cama. E ele foi para a cama. O Senhor chamou Samuel novamente. Então Samuel se levantou, foi a Eli e disse: Aqui estou; para você me chamou. Eli atendeu, não telefonei, meu filho, volta para a cama. **Samuel ainda não conhecia o Senhor, e a palavra do Senhor ainda não havia sido revelada a ele.** *O Senhor chamou Samuel novamente pela terceira vez. Então Samuel se levantou, foi a Eli e disse: Aqui estou; para você me chamou. Eli entendeu que foi o Senhor quem chamou a criança "*

QUAL É O PROCESSO DE DOAÇÃO DA FÉ EM JESUS CRISTO E NO NOVO NASCIMENTO?

43. Como a fé é transmitida? " *As coisas pelas quais você será salvo Peter* "
Fé e novo nascimento: semelhança/ divergência. " Você acha que existe um só Deus, os demônios também... "

Os dois discípulos de Emaús

Lucas 24.13-32

" E eis que naquele mesmo dia dois discípulos iam a uma aldeia chamada Emaús, que ficava a sessenta estádios de Jerusalém; e eles falaram sobre tudo o que havia acontecido. Enquanto conversavam e discutiam, Jesus se aproximou e caminhou com eles. Mas seus olhos foram impedidos de reconhecê-lo. Ele disse a eles: `` Do que vocês estão falando enquanto caminham, para que possam estar muito tristes? Um deles, chamado Cleofas, respondeu-lhe: Você é o único que, estando em Jerusalém, não sabe o que

aconteceu lá estes dias? - O que? ele disse-lhes. -E eles responderam-lhe: O que aconteceu a Jesus de Nazaré, que foi um profeta poderoso em obras e palavras diante de Deus e de todo o povo, e como os principais sacerdotes e nossos príncipes o entregaram para fazê-lo condená-lo à morte e o crucificou. Esperávamos que fosse ele quem libertasse Israel; mas com tudo isso, este é o terceiro dia em que essas coisas acontecem. É verdade que algumas das mulheres entre nós nos surpreenderam muito; Tendo ido ao sepulcro de manhã cedo e não tendo encontrado seu corpo, eles vieram dizer que anjos lhes apareceram e anunciaram que ele estava vivo. Alguns dos que estavam conosco foram ao sepulcro e encontraram-no exatamente como as mulheres disseram; mas ele, eles não o viram. Então Jesus disse-lhes: Ó povo insensato, cujos corações demoram a crer em tudo o que os profetas disseram! Não era necessário que Cristo sofresse essas coisas e entrasse em sua glória? E, começando com Moisés e todos os profetas, ele explicou a eles em todas as escrituras o que o concernia. Quando estavam perto da aldeia para onde iam, ele parecia querer ir mais longe. Mas eles o insistiram, dizendo: Fica conosco, porque a noite se aproxima, o dia está chegando ao fim. E ele entrou, para ficar com eles. Enquanto ele estava à mesa com eles, ele pegou o pão; e depois de dar graças, ele o quebrou e deu a eles. Então seus olhos foram abertos, e eles o reconheceram; mas ele desapareceu diante deles. E disseram uns aos outros: Não ardeu o coração dentro de nós quando ele falou conosco no caminho e nos explicou as escrituras? "

O dia de pentecostes

Atos 2: 14-27

" Então Pedro, avançando com os onze, ergueu a voz e falou-lhes estas palavras: Homens judeus, e todos vocês que peregrinam em Jerusalém, saibam disso, e dêem ouvidos às minhas palavras! Essas pessoas não estão bêbadas, como você supõe, porque é a terceira hora do dia. Mas assim foi dito pelo profeta Joel: Nos últimos dias, diz Deus, derramarei do meu Espírito sobre toda a carne; Seus filhos e filhas profetizarão, Seus jovens terão visões, E os mais velhos terão sonhos. Sim, sobre meus servos e sobre minhas servas naqueles dias derramarei meu Espírito; e eles profetizarão. Mostrarei sinais acima no céu, e sinais abaixo na terra, Sangue,

fogo e vapor de fumaça; O sol se converterá em trevas, e a lua em sangue, Antes que venha o dia do Senhor, aquele grande e glorioso dia. Então, todo aquele que invocar o nome do Senhor será salvo. Homens de Israel, ouçam estas palavras! Jesus de Nazaré, aquele homem a quem Deus deu testemunho perante vós pelos milagres, maravilhas e sinais que por ele operou no meio de vós, como vós mesmos sabeis; este homem, entregue de acordo com o plano determinado e de acordo com a presciência de Deus, vocês o crucificaram, vocês o mataram pelas mãos dos ímpios. Deus o ressuscitou dentre os mortos, libertando-o das cadeias da morte, porque não era possível que ele estivesse preso por ela. Porque Davi disse a seu respeito: Eu sempre vi o Senhor diante de mim, porque ele está à minha direita, para que eu não seja abalado. Também meu coração está alegre e minha língua está alegre; E até a minha carne descansará com esperança, pois você não abandonará a minha alma no inferno, nem permitirá que o seu santo veja a corrupção. Você fez-me conhecer os caminhos da vida, você vai me encher de alegria com a sua presença. Homens e irmãos, permitam-me dizer-lhes livremente sobre o Patriarca David que ele está morto, que foi sepultado e que seu sepulcro ainda existe hoje entre nós. Por ser profeta, e que sabia que Deus lhe havia prometido com juramento fazer sentar-se um de seus descendentes em seu trono, é a ressurreição de Cristo que ele previu e anunciou, dizendo que não seria abandonado no inferno e sua carne não veria corrupção. É este Jesus que Deus ressuscitou dos mortos; todos nós testemunhamos isso. Erguido pela destra de Deus, ele recebeu do Pai o Espírito Santo que havia sido prometido e o derramou, como você vê e ouve. Pois Davi não subiu ao céu, mas ele mesmo diz: O Senhor disse ao meu Senhor: Senta- te à minha direita, até que eu faça dos teus inimigos o escabelo dos teus pés. Portanto, que toda a casa de Israel saiba com certeza que Deus fez deste Jesus, a quem tu crucificaste, Senhor e Cristo. Depois de ouvir esse discurso, seus corações se comoveram, e eles disseram a Pedro e aos outros apóstolos: Homens e irmãos, o que devemos fazer? Pedro disse-lhes: Arrependei-vos e cada um de vós seja batizado em nome de Jesus Cristo, para o perdão de vossos pecados; e você receberá o dom do Espírito Santo. Porque a promessa é para ti, para os teus filhos e para todos os que estão longe, a tantos quantos o Senhor nosso Deus os chamar. E por muitas outras palavras ele os conjurou e exortou, dizendo: Salve-se desta geração perversa. Aqueles que aceitaram sua palavra foram batizados; e naquele dia o número dos discípulos aumentou em cerca de três mil almas. Eles perseveraram no ensino dos apóstolos, na comunhão, no partir do pão e nas orações. O medo tomou conta de todos, e muitas maravilhas e milagres foram feitos pelos apóstolos. Todos os que acreditavam estavam em um lugar e tinham tudo em comum. Eles venderam suas propriedades e seus bens e dividiram o lucro entre todos, de acordo com as necessidades de cada um. Estavam todos juntos assíduos todos os dias no templo, partiam o pão nas casas e comiam com alegria e simplicidade de coração, Pedro em frente ao templo de Jerusalém "

O milagre do Paralítico

Atos 3:12 - " *Pedro, vendo isso, disse ao povo: Homens israelitas, por que estais maravilhados com isso? Por que estais os vossos olhos fixos em nós, como se fosse por nossa própria força ou por nossa piedade que nós TINHA feito este homem andar? O Deus de Abraão, Isaque e Jacó, o Deus de nossos pais, glorificou Seu serviço a Jesus, que você entregou e negou diante de Pilatos, que era da opinião de que ele deveria ser libertado. Você negou o Santo e Justo, e você pediu para ser concedida a graça de um assassino. Você matou o Príncipe da vida, a quem Deus ressuscitou dos mortos; nós somos testemunhas disso. É pela fé em seu nome que seu nome fortaleceu o que você vê e sabe; foi a fé em _him_ isso deu este homem esta cura Entire, na presença de todos vocês. e agora, irmãos, eu sei que o fizestes por ignorância, e assim o fez seus líderes. Propósito neste maneira que Deus cumpriu o que havia anunciado com antecedência através das bocas de todos os seus profetas, que o seu Cristo devia sofrer. Arrependei-vos, pois, e se converta, para que seus pecados sejam apagados, para que os tempos de refrigério venham do Senhor, e que Ele possa enviar Aquele que se destina a você, Jesus Cristo, a quem o céu receberá até 'nos tempos da restauração de todas as coisas, das quais Deus falou no passado pela boca de seus santos profetas. Moisés disse: O Senhor seu Deus levantará para você um profeta como eu dentre seus irmãos; tudo o que ele te disser, você o ouvirá, e quem não ouvir este profeta será excluído do meio do povo. Todos os profetas que falaram sucessivamente desde Samuel também anunciaram esses dias. Vós sois os filhos dos profetas e da aliança que Deus fez com nossos pais, dizendo a Abraão: Todas as famílias da terra serão abençoadas na tua descendência. A vós, primeiro Deus, ressuscitando o seu servo, enviou-o para vos abençoar, desviando cada um de vós das vossas iniqüidades.* "

Durante a grande perseguição dos primórdios

Atos 8: 1- 25 " *Saul tinha aprovado o assassinato de Stephen. Houve uma grande perseguição naquele dia contra a Igreja em Jerusalém; e todos, exceto os apóstolos, foram espalhados pelas regiões da Judéia e Samaria. Homens piedosos enterraram Estêvão e prantearam-no com grande barulho. Saulo, por sua vez, estava devastando a Igreja; entrando nas casas, ele arrancou homens e mulheres delas, e os jogou na prisão. Os que estavam espalhados iam de um lugar para outro, proclamando as boas novas da palavra. Filipe, tendo descido para a cidade de Samaria, pregou a Cristo ali. Todas as multidões estavam atentas ao que Philip estava dizendo quando souberam e viram os milagres que ele estava fazendo. Pois muitos espíritos imundos saíram de muitos endemoninhados, clamando em alta voz, e muitos paralíticos e coxos foram curados. E houve uma grande alegria naquela cidade. Anteriormente, havia na cidade um homem chamado Simão, que, afirmando ser uma figura importante, exerceu magia e surpreendeu o povo de Samaria. Todos, do menor ao maior, o ouviam com atenção e diziam: Este é o poder de Deus, que se chama grande. Eles o ouviam com atenção, porque há muito tempo ele os surpreendia com seus atos de magia. Mas, quando creram em Filipe, que lhes anunciou as boas novas do reino de Deus e do nome de Jesus Cristo, homens e mulheres foram batizados. O próprio Simão creu e, depois de ser batizado, nunca mais deixou Filipe, e viu com espanto os milagres e grandes maravilhas que estavam acontecendo. Os apóstolos que estavam em Jerusalém, ao ouvirem que Samaria havia recebido a palavra de Deus, enviaram Pedro e João para lá. Estes, que chegaram entre os samaritanos, oraram por eles, para que recebessem o Espírito Santo. Pois ele ainda não havia descido sobre nenhum deles; eles só foram batizados em nome do Senhor*

Jesus. Então Pedro e João impuseram as mãos sobre eles, e eles receberam o Espírito Santo. Vendo Simão que o Espírito Santo era dado pela imposição de mãos sobre os apóstolos, ofereceu-lhes dinheiro, dizendo: Dá-me também este poder, para que aquele sobre quem eu colocar as mãos receba o Espírito Santo.. Mas Pedro disse-lhe: O teu dinheiro perece contigo, porque acreditas que o dom de Deus se adquiriu com o dinheiro! Não há parte ou lote para você neste assunto, pois seu coração não é reto diante de Deus. Arrependa-se, portanto, de sua iniqüidade e ore ao Senhor para que o pensamento de seu coração seja perdoado, se possível; pois vejo que estais em fel amargo e em cadeias de iniqüidade. Simão respondeu: Rogai ao Senhor por mim, para que nada me aconteça do que dissestes. Depois de dar testemunho da palavra do Senhor e pregá-la, Pedro e João voltaram a Jerusalém, proclamando as boas novas em várias aldeias samaritanas. "

O Eunuco Etíope *Atos 8: 26-40*

" Um anjo do Senhor, dirigindo-se a Filipe, disse-lhe: Levanta-te e vai para o sul, pelo caminho que desce de Jerusalém a Gaza, que é deserto. Ele se

levantou e saiu. E eis que um etíope, um eunuco, ministro de Candace, rainha da Etiópia e superintendente de todos os seus tesouros, veio a Jerusalém para adorar e voltou, sentado em sua carruagem, e leu o profeta Isaías. O Espírito disse a Filipe: Vá em frente e aproxime-se desta carruagem. Filipe correu e ouviu o etíope lendo o profeta Isaías. Ele disse a ela: Você entende o que está lendo? Ele respondeu: Como posso, se alguém não me orienta? E ele convidou Philippe a subir e sentar-se com ele. A passagem da Escritura que ele estava lendo era esta: Ele foi conduzido como uma ovelha para o matadouro; E como um cordeiro mudo diante de seu tosquiador, Ele não abriu a boca. Em sua humilhação, seu julgamento foi suspenso. E sua posteridade, quem a retratará? Pois sua vida foi cortada da terra. O eunuco disse a Filipe: Rogo-te, de quem fala assim o profeta? É dele mesmo ou de algum outro? Então Filipe, abrindo a boca e começando com esta passagem, contou-lhe as boas novas de Jesus. Enquanto eles continuavam seu caminho, eles encontraram água. E o eunuco disse: Aqui está a água; o que me impede de ser batizado? Philippe diz: Se você crer de todo o coração, isso é possível. O eunuco respondeu: Eu acredito que Jesus Cristo é o Filho de Deus. Ele parou a carruagem; Filipe e o eunuco desceram ambos para a água, e Filipe batizou o eunuco. Quando eles saíram da água, o Espírito do Senhor levou Filipe, e o eunuco não o viu mais. Enquanto, com alegria, continuava seu caminho, Filipe encontrou-se em Azot, de onde foi até Cesaréia, evangelizando todas as cidades por onde passou. "

O testemunho de Stephen

Atos 7: 1-58 " *Disse o sumo sacerdote: São as coisas assim? Estêvão respondeu: Homens, irmãos e pais, ouçam! O Deus da glória apareceu a nosso pai Abraão, quando ele estava na Mesopotâmia, antes de se estabelecer em Charran; e disse-lhe: Sai da tua terra e da tua família e vai para a terra que eu te mostrarei. Ele então deixou a terra dos caldeus e se estabeleceu em Charran. De lá, após a morte de seu pai, Deus o trouxe para este país onde você vive agora; ele não lhe deu nenhuma propriedade nesta terra, nem mesmo o suficiente para colocar um pé, mas ele prometeu dar a ele e à sua semente depois dele, embora ele não tivesse filhos. Deus falou assim: Sua semente peregrinará em uma terra estrangeira; será reduzido à escravidão e maltratado por quatrocentos anos. Mas a nação à qual eles terão sido escravizados, eu julgarei, diz Deus. Depois disso, eles virão e me servirão neste lugar. Então Deus deu a Abraão o pacto da circuncisão; e assim Abraão, tendo gerado Isaque, circuncidou-o no oitavo dia; Isaque gerou e circuncidou Jacó, e Jacó, os doze patriarcas. Os patriarcas, com inveja de José, o venderam para ser levado para o Egito. Mas Deus estava com ele e o livrou de todas as suas tribulações; deu-lhe sabedoria e favoreceu o Faraó, rei do Egito, que o fez governador do Egito e de toda a sua casa. Houve uma fome em toda a terra do Egito e na terra de Canaã. A angústia era grande, e nossos pais não conseguiam encontrar o suficiente para comer. Jacó soube que havia trigo no Egito e mandou nossos pais lá pela primeira vez. E na segunda vez, José foi reconhecido por seus irmãos, e Faraó sabia de que família ele era. Então José mandou chamar seu pai Jacó e toda sua família, consistindo de setenta e cinco pessoas. Jacó desceu ao Egito, onde morreu, junto com nossos pais; e foram levados a Siquém e depositados no sepulcro que Abraão comprara por dinheiro dos filhos de Hemor, pai de Siquém. Aproximava-se o tempo do cumprimento da promessa que Deus havia feito a Abraão, e o povo aumentou e se multiplicou no Egito, até que apareceu outro rei, que não conhecia a José. Este rei, usando artifício contra nossa raça, maltratou nossos pais, a ponto de fazê-los expor seus filhos, para que eles não vivessem. Naquela época, nasceu Moisés, que era lindo aos olhos de Deus. Ele foi alimentado três meses na casa de seu pai; e quando ele foi exposto, a filha de Faraó o acolheu e o criou como seu filho. Moisés foi instruído em toda a sabedoria dos egípcios e era poderoso em palavras e ações. Ele tinha quarenta anos quando veio ao seu coração visitar seus irmãos, os filhos de Israel. Ele viu um que foi insultado e, tomando sua defesa, vingou o que fora maltratado e feriu o egípcio. Ele pensou que seus irmãos entenderiam que Deus estava concedendo a eles a libertação por suas mãos; mas eles não entenderam. No dia seguinte, ele apareceu entre eles enquanto lutavam e os exortou à paz: Homens, ele disse, vocês são irmãos; por que vocês estão se maltratando? Mas o que maltratava o próximo o repeliu, dizendo: Quem te constituiu senhor e juiz sobre nós? Você quer me matar, como matou o egípcio ontem? Com esta palavra Moisés fugiu e foi peregrinar na terra de Midiã,* *onde gerou dois filhos. Quarenta anos depois, no deserto do Monte Sinai, um anjo apareceu a ele na chama de uma sarça ardente. Moisés, vendo isso, ficou surpreso com essa aparição; e quando ele se aproximou para examinar, ouviu-se a voz do Senhor: Eu sou o Deus de vossos pais, o Deus de Abraão, de Isaque e de Jacó. E Moisés, todo trêmulo, não ousou olhar. O Senhor disse-lhe: `` Tire os sapatos dos pés, porque o lugar onde você está é terra santa. Tenho visto o sofrimento do meu povo que está no Egito, tenho ouvido seus gemidos e desci para libertá-los. Agora vá, vou mandar você para o Egito. Este Moisés, a quem eles negaram, dizendo: Quem te constituiu senhor e juiz? É ele quem Deus enviou como líder e libertador com a ajuda do anjo que lhe apareceu na sarça. Foi ele quem os tirou do Egito, fazendo maravilhas e maravilhas na terra do Egito, no Mar Vermelho e no deserto por quarenta anos. Foi este Moisés quem disse aos filhos de Israel: Deus levantará para vocês um profeta como eu dentre seus irmãos. Foi ele quem, durante a assembléia no deserto, estando com o anjo que falava com ele no Monte Sinai e com nossos pais, recebeu oráculos vivos para dá-los a nós. Nossos pais não lhe obedeceram, de modo que o rejeitaram* *e voltaram o coração para o Egito, dizendo a Arão: Faze- nos deuses que vão antes de nós; pois este Moisés que nos tirou da terra do Egito, não sabemos o que lhe aconteceu. E naqueles dias eles fizeram um bezerro e ofereceram um sacrifício ao ídolo, e se alegraram com o trabalho de suas mãos. Então Deus se desviou e os entregou ao culto do exército dos céus, como está escrito no livro dos profetas: Você me ofereceu sacrifícios e sacrifícios Quarenta anos no deserto, casa de Israel??.. Você carregou a tenda de Moloch E a estrela do deus Remphan, Essas imagens que você fez para adorá-los! Portanto, vou levá-lo para além da Babilônia. Nossos pais tinham o tabernáculo do testemunho no deserto, como aquele que disse a Moisés ordenou que fizesse conforme o padrão que ele tinha visto. E nossos pais, tendo-o recebido, trouxeram-no, sob a liderança de Josué, à terra que era possuída pelas nações que Deus havia expulso de diante deles, e ali permaneceu até os dias de Davi. Davi encontrou graça diante de Deus e pediu para construir uma habitação para o Deus de Jacó; e foi Salomão quem lhe edificou uma casa. Mas o Altíssimo não habita naquilo que é feito por mãos, como diz o profeta: O céu é o meu trono, e a terra o meu escabelo. Que casa você vai construir para mim, diz o Senhor, ou onde será meu lugar de descanso? Não foi minha mão que fez todas essas coisas?... Homens com pescoços rígidos, incircuncisos de coração e ouvidos! Você sempre se opõe ao Espírito Santo. O que seus pais foram, você também. Qual dos profetas seus pais não perseguiram? Eles mataram aqueles que predisseram a vinda dos Justos, a quem você agora libertou, e cujos assassinos você tem sido, você que recebeu a lei de acordo com os mandamentos dos anjos, e quem não recebeu. guarda!... Ao ouvir essas palavras, eles ficaram furiosos em seus corações e rangeram os dentes contra ele. Mas Estêvão, cheio do Espírito Santo, e olhando para o céu, viu a glória de Deus e Jesus em pé à direita de Deus. E ele disse: Eis que vejo os céus abertos, e o Filho do homem em pé à direita de Deus. Eles gritaram alto, cobrindo os ouvidos, e todos correram para ele juntos, arrastaram-no para fora da cidade e o apedrejaram. As testemunhas colocaram suas roupas aos pés de um jovem chamado Saul.* "

Conclusão transitória:

O novo nascimento procede da escuta da palavra de Deus e da firme fé nas verdades que ela nos instrui como " *Palavra de Deus* ". Todos aqueles que estão " *Nascido Novamente* " nasceu de novo porque eles estavam em contato com as palavras faladas de Deus. Foi por meio de anjos, uma visão, um sonho, uma revelação, Deus sempre usou os enviados que havia instruído em favor daqueles que deveriam herdar o seu Reino, sempre pelo único canal, a sua Palavra! *João 1: 9-14 " Esta luz era a verdadeira luz que, vindo ao mundo (...) ilumina a todos. Ela estava no mundo, e o mundo foi feito por ela (...) Mas para todos que a receberam, para aqueles que acreditam em seu nome, ela deu o poder de se tornarem filhos de Deus, que nasceram, não de sangue, nem da vontade da carne, nem da vontade do homem, mas de Deus. E a palavra se fez carne e habitou entre nós, cheia de graça e de verdade; e vimos sua glória, uma glória como a glória do Unigênito do Pai.* "

O QUE NOS DÁ O NOVO NASCIMENTO

João 1: 9-14 " *Esta luz era a verdadeira luz que, vindo ao mundo, ilumina a todos. Ela estava no mundo, e o mundo foi feito por ela, e o mundo não a conheceu. Ela veio para a sua, e a dele não a recebeu. Mas para todos os que a receberam, para aqueles que crêem em seu nome, ela deu poder para se tornarem filhos de Deus, que nasceram, não do sangue, nem da vontade da carne, nem da vontade do homem, mas de Deus. E a palavra se fez carne e habitou entre nós, cheia de graça e de verdade; e vimos sua glória, uma glória como a glória do Unigênito do Pai.* "

44. Quem ou o que recebemos quando a Bíblia fala "*mas para todos os que receberam*" aqui? De Jesus ou de sua palavra? João 1: 9 - 14 " *Ela veio para o seu próprio, e seu próprio não a recebeu. Mas para todos os que a receberam, para* *aqueles que crêem em seu nome, ela deu poder para se tornarem filhos de Deus, que nasceram, não do sangue, nem da vontade da carne, nem da vontade do homem, mas de Deus. E a palavra se fez carne e habitou entre nós, cheia de graça e de verdade; e vimos sua glória, uma glória como a glória do Unigênito do Pai.* "

PANORAMA DO APARÊNCIA DE CRISTO A ALGUNS SANTOS DURANTE OS TEMPOS APOSTÓLICOS

As 500 aparições de Cristo a vários crentes imediatamente após sua ressurreição, comendo com alguns e incentivando outros a se lembrarem do evangelho, incluindo a cena sagrada. Mas, uma vez que Jesus voltou ao céu, incapaz de continuar sua obra, o confiou em sua carne, comprometeu plenamente sua Igreja a assumir suas responsabilidades em face da salvação do mundo:

a) DE **Ananias** a **Paulo.**
b) **Filipe** ao **eunuco etíope.**
c) **Os dois discípulos de Emaús com os discípulos reunidos no cenáculo.**

d) **Pedro** ao **Centurião Romano** por meio de anjos e **uma visão.**

e) **Áquila** e **Priscila em** direção ao Evangelista **Apolo.**

Nota: O evangelho é o meio por excelência pelo qual Jesus falou aos discípulos, mas continua até hoje a única fonte de comunicação de Deus aos crentes porque está escrito 1 Coríntios 4: 6 *" É por sua causa, irmãos, que fiz destas coisas uma aplicação a mim e ao de Apolo, para que possas aprender em nós a não ir além do que está escrito... "*

Ler a Bíblia é a única forma de acesso a Jesus desde os tempos apostólicos e assim permanecerá até a volta de Cristo e o fim do mundo. Por exemplo, o lembrete de comando de Jesus para aqueles que questionarem sua palavra:

- **Thomas**
- **Maria Madalena**

Atenção!

Em todas as aparições ou missões de Jesus à Igreja ou àqueles que ele chamou na Bíblia, Cristo sempre se manifestou a muitas pessoas e não a uma pessoa individualmente. Foi para convidar o seu Apóstolo das Nações Paulo, enviou vários dos seus servos àquele que constituía o terror das Igrejas, a fim de revelar o carácter eclesial da sua palavra. **Aviso aos BUSCADORES de milagres em busca de manifestações espirituais!**

A MULTIDÃO DE TESTEMUNHAS DE FÉ EM DEUS NA BÍBLIA

Abel aceitou a oferta a Deus por meio de sua fé.

Hebreus 11, 12: 1 - 40, 12: 1 - 8 " Pela fé Abel ofereceu sacrifício mais excelente a Deus do que o de Caim; foi por meio dela que ele foi declarado justo, Deus aprovando suas ofertas; e é por meio dela que ele ainda fala, embora já esteja morto. "

O arrebatamento físico de Enoque ao céu por meio de sua fé:

Hebreus 11, 12: 1 - 40, 12: 1 - 8 " Pela fé Enoque foi arrebatado para não ver a morte e para que não mais aparecesse, porque Deus o havia arrebatado; pois antes de seu arrebatamento ele havia recebido um testemunho de que agradava a Deus. Mas sem fé é impossível agradá-lo; pois aquele que se aproxima de Deus deve crer que Deus existe e que ele é o remunerador daqueles que o buscam. "

O aviso de Deus a Noé antes da destruição dos pecadores da antiguidade. *Hebreus 11, 12: 1-40, 12: 1-8*

" Foi pela fé que Noé, divinamente advertido sobre coisas que ainda não haviam sido vistas e tomado com temor e reverência, construiu uma arca para salvar sua família; foi por meio dela que ele condenou o mundo e se tornou herdeiro da justiça que se obtém pela fé. É pela fé que Abraão, durante a sua vocação, obedeceu e partiu para um lugar que iria receber em herança, e que partiu sem saber para onde ia. Foi pela fé que ele veio se estabelecer na terra prometida como em uma terra estrangeira, vivendo em tendas, como fizeram Isaque e Jacó, co-herdeiros da mesma promessa. Pois ele esperava a cidade que tem bases sólidas, aquela da qual Deus é o construtor e o construtor. Foi pela fé que a própria Sara, apesar de sua idade avançada, foi habilitada a ter semente, porque ela creu na fidelidade daquele que havia feito a promessa. "

O cumprimento da promessa de Deus a Jacó de encher a terra.

Hebreus 11, 12: 1-40, 12: 1-8 " Portanto, de um homem, já esgotado no corpo, nasceu uma semente tão numerosa como as estrelas do céu, como a areia que está na orla do. sea sea. e não pode ser 'contado que era na fé que todos eles morreram, sem ter obtido as coisas prometida; finalidade que viu em e saudado, de longe, reconhecendo que eram estrangeiros e viajantes na terra. Aqueles que falam ASSIM mostra que eles estão procurando uma pátria. Se tivessem em vista aquela de onde vieram, teriam tido tempo de voltar. Mas agora eles querem uma melhor, que é celestial. Portanto, Deus não se envergonha ser chamado seu Deus, pois ele preparou uma cidade para eles. "

A oferta do sacrifício de Isaac a Deus por Abraão por meio de sua fé ativa.

Hebreus 11, 12: 1-40, 12: 1-8

" Pela fé Abraão ofereceu Isaque, quando foi posto à prova, e ofereceu seu único filho, aquele que havia recebido as promessas, e a quem foi dito: Em Isaque será nomeado para ti uma posteridade. Ele acreditava que Deus é poderoso até para ressuscitar os mortos; então ele o recuperou por

uma espécie de ressurreição. Foi pela fé que Isaque abençoou Jacó e Esaú para as coisas que viriam. "

A bênção de Jacó sobre seus filhos através do trabalho da fé.

Hebreus 11, 12: 1 - 40, 12: 1 - 8 *" Pela fé Jacó, morrendo, abençoou cada um dos filhos de José e adorou, apoiado na ponta de seu cajado. "*

A transferência dos Ossos de José anunciando a saída do Egito pela fé.

Hebreus 11, 12: 1 - 40, 12: 1 - 8 *" Foi pela fé que José moribundo fez menção da saída dos filhos de Israel e deu ordens a respeito de seus ossos. "*

O nascimento oculto de Moisés pela fé.

Hebreus 11, 12: 1 - 40, 12: 1 - 8 *" Pela fé Moisés, já nascido, esteve três meses escondido de seus pais, porque viram que o menino era bonito e que não temeram a ordem do rei. "*

A luta titânica de Moisés contra o Egito pela fé corajosa.

Hebreus 11, 12: 1-40, 12: 1-8 " *Foi pela fé que Moisés, quando cresceu, recusou ser chamado filho da filha de Faraó, preferindo ser maltratado pelo povo de Deus a ' ter o gozo do pecado por um tempo, vendo o opróbrio de Cristo como uma riqueza maior do que os tesouros do Egito, pois ele tinha os olhos fixos na recompensa. Pela fé ele deixou o Egito, não temendo a ira do rei, pois ele permaneceu firme, como vendo aquele que é invisível. Pela fé ele fez a Páscoa e a aspersão do sangue, para que o exterminador não tocasse nos primogênitos dos israelitas. Pela fé eles atravessaram o Mar Vermelho como um lugar seco, enquanto os egípcios que tentaram foram engolidos.* "

A Vitória dos Filhos de Deus sobre as Muralhas de Jericó.

Hebreus 11, 12: 1 - 40, 12: 1 - 8 " *Pela fé caíram os muros de Jericó, depois de cercados por sete dias. É pela fé que a prostituta Raabe não morreu com os rebeldes, porque recebeu os espias com bondade.* "

A multidão de citadas testemunhas da fé em Deus. Hebreus

11, 12: 1 - 40, 12: 1 - 8 " E que mais direi? Pois não teria tempo suficiente para falar de Gideão, Baraque, Sansão, Jefté, Davi, Samuel e dos profetas, que por a fé conquistou reinos, exerceu retidão, obteve promessas, calou-lhes a boca, leões, extinguiu o poder do fogo, escapou do fio da espada, curou suas doenças, foi valente na guerra, pôs em fuga exércitos estrangeiros ".

A procissão de testemunhas anônimas da fé em Deus.

Hebreus 11, 12: 1-40, 12: 1-8 " Mulheres recuperaram seus mortos pela ressurreição; outros foram entregues a tormentos e não aceitaram libertação, a fim de obter uma ressurreição melhor; outros sofreram zombarias e chicotadas, correntes e prisão; foram apedrejados, serrados, torturados, morreram mortos à espada, iam aqui e ali vestidos com peles de ovelha e de cabra, desprovidos de tudo, perseguidos, maltratados, aqueles a quem o mundo não era digno, vagando em desertos e montanhas, em cavernas e covas da terra. Todos estes, de cuja fé se deu testemunho, não obtiveram o que lhes foi prometido, tendo

Deus em vista algo melhor para nós, que não chegassem à perfeição sem nós. "

Interpelação da Igreja do fim dos tempos em relação às Testemunhas da Fé.

Hebreus 11, 12: 1-40, 12: 1-8 *" Nós, portanto, visto que estamos rodeados por tão grande nuvem de testemunhas, lançamos fora todo fardo e o pecado que tão facilmente nos envolve, e corremos com perseverança em a carreira abertas para nós, olhando para Jesus, o líder e consumidor da fé, que, tendo em vista a alegria reservada para _him_, sofreu a cruz, desprezado ignomínia, e assentou-se à destra do trono de Deus. Considere, na verdade, aquele que suportou tal oposição de pecadores contra sua pessoa, para que você não se canse com uma alma desanimada. "*

O maior desafio para os cristãos de hoje é manter a fé.

Hebreus 11, 12: 1 - 40, 12: 1 - 8 *" Vós ainda não resististes até o sangue, lutando contra o pecado. E você se esqueceu da exortação que se dirige a você como a filhos: Meu filho, não despreze a correção do Senhor, E não desanime quando ele te reprova; Pois o Senhor castiga a quem ama e fere com a vara a todos os que reconhece como seus filhos. Suporta o castigo: é como filhos que Deus te trata; pois quem é o filho a quem o pai não castiga? Mas se vocês estão isentos da punição de que todos compartilham, então vocês são filhos ilegítimos, e não filhos.* "

45. E por que se diz que há apenas uma fé, qual? " *O Centurião Romano* "

46. É apropriado citar algum versículo da Bíblia contido no Antigo Testamento para apoiar a obra de salvação de Cristo? Exemplo Ageu 2: 13

" *E Ageu disse: Se alguém contaminar todas essas coisas com o toque de um cadáver, será contaminado? Os sacerdotes responderam: Eles serão imundos.* "

Nota: O exemplo deste versículo bíblico citado por um pregador cristão é relevante hoje, usando-o para justificar o que é considerado puro do que não é. Em vista do cristianismo desde a era messiânica, podemos esperar fortalecer a fé dos cristãos lendo este versículo bíblico da antiga aliança? **Obviamente não!**

47. A confissão de pecados também diz respeito aos incrédulos?

Atos 18:19 " *Muitos dos que creram vieram, confessaram e declararam o que haviam feito. E um certo número dos que haviam praticado as artes mágicas, trazendo seus livros, queimou-os na frente de todos: eles foram avaliados em cinquenta mil moedas de prata.* "

48. A memória de pecados passados sempre volta quando você nasce de novo? Hebreus 9:14

" *C ow mais o sangue de Cristo, que pelo Espírito eterno se ofereceu sem mácula a Deus, purificará a nossa consciência das obras mortas, para que possamos servir ao Deus vivo!* "

CONCLUSÃO FINAL

Irmãos e irmãs cristãos, embora vocês tenham se interessado pelos ensinamentos desta série de estudos bíblicos, `` **AQUELE QUE LÊ PRESTE ATENÇÃO ",** somos gratos a vocês por seu interesse no chamado de Deus que estende sua mão para ajudá-los nestes tempos difíceis de fé. Mas saiba que Deus o ama infinitamente. De nossa parte, sabemos que somos recomendados por Cristo nesta missão de defesa da causa do evangelho. Um *" evangelho puro sem manchas ou rugas preparando sua Igreja do fim dos tempos que o Filho de Deus volta para buscar "* Efésios 5: 24-27 *" Agora, como a Igreja está sujeita a Cristo, as mulheres também devem estar sujeitas a Cristo. seus maridos em todas as coisas. Maridos, amai vossas mulheres, como Cristo amou a Igreja, e se entregou por ela, para santificá-la pela palavra, depois de a ter purificado pelo batismo de água, para fazer aparecer perante ele esta Igreja gloriosa, sem mancha ou ruga, ou* *qualquer coisa parecida, mas sagrada e irrepreensível.* "

Portanto, Amado em Cristo, nós o encorajamos a continuar lendo e estudando os ensinamentos da Bíblia que você recebe gratuitamente. Permaneça em um espírito de oração contínua enquanto estuda a palavra de Deus para que ele possa lhe dar o dom do Espírito Santo por meio do banho do novo nascimento. Nunca se esqueça de que o seu único bem real é e continua sendo o Espírito Santo de Deus, que Jesus disse ser sua " *propriedade original e não de empréstimo em comparação com qualquer outra propriedade de qualquer espécie* ". " Também você deve saber que " *aquele que não tem o O Espírito de Cristo não pertence a Cristo!* " Para que o Espírito Santo é a garantia, em outras palavras, o selo de Deus sobre o seu povo para os crentes cristãos e autor de seu amor supremo mostrados para você e sua família. Que Deus transmissão para você a vida eterna ao batizar com o Espírito Santo que recebemos somente de Jesus que recebeu o mandato de Deus através do batismo em seu nome e água para receber o batismo do Espírito Santo. Que você seja selado para o dia da redenção no dia do seu retorno. Cuidado para lembrar o que o A Bíblia diz que é essencial para a questão do seu novo nascimento: *João 1: 1 de 4.10 a 18, 32-34* " *no princípio era o Verbo, e o Verbo estava com Deus, e o Verbo era Deus. Ela estava no princípio com Deus. Todas as coisas foram feitas por ela, e nada do que foi feito foi feito sem ela. Nela estava a vida, e a vida era a luz dos homens. (...) Ela estava no mundo, e o mundo foi feito por ela, e o mundo não a conheceu. Ela veio para a sua, e a sua não a recebeu. Mas a todos os que a receberam, para aqueles que acreditam em seu nome, ela deu poder para se tornarem filhos de Deus, que nasceram, não do sangue, nem da vontade da carne, nem da vontade do homem, mas de Deus. E a palavra se fez carne e habitou entre nós, cheia de graça e de verdade; e vimos sua glória, uma glória como a glória do Unigênito do Pai. João deu testemunho dele e clamou: Este é aquele de quem eu disse: Aquele que vem depois de mim é antes de mim, porque foi antes de mim. E todos nós recebemos de sua plenitude, e graça sobre graça; porque a lei foi dada por Moisés, a graça e a verdade vieram por Jesus Cristo. Ninguém jamais viu a Deus; o Filho unigênito, que está no seio do Pai, é aquele que o deu a conhecer. João prestou este testemunho: Eu vi o Espírito descer do céu como uma pomba e repousar sobre ele. Eu não o conhecia, mas aquele que me enviou para batizar com água, esse me disse: Aquele sobre quem você verá o Espírito descer e parar, é aquele que batiza com o Espírito Santo. E eu vi e testifiquei que ele é o Filho de Deus.* "

RESUMO:

5. Se lhe fizessem a mesma pergunta: você tem FÉ? Qual seria a sua resposta? 21

6. Não está salpicado de dúvidas puras para ser qualificado de autêntico? Segundo: não somos finalmente convidados a iniciá-lo, a criá-lo, além disso, a inová-lo como aqueles que nos precederam? Mas qual é a "fé" dos ex-reféns recentemente libertados do pecado?

7. É esta faculdade do dom de Deus que, portanto, leva à FÉ?

8. De onde mais podem vir as dificuldades de uma vida cristã insatisfeita? *Lucas 12:34 - 48*

9. *Quanta "fé" existe nas Sagradas Escrituras? Efésios 4: 4-6*

10. *Mas o que é fé? Hebreus 11: 1-3*

MANIFESTAÇÃO DA FÉ CRISTÃ

11. Qual é a maior manifestação de fé no universo? *Hebreus 11, 12: 1-40, 12: 1-8*

12. O acesso ao dom da fé é uma busca humilde. Qual é a rota? *Mateus 15: 24-28*

13. Outra vez, Jesus protestou contra um pedido semelhante. Mas por que é que?

14. Por que o oficial romano se considera indigno de receber Jesus? Mateus 15: 24-28

15. Ao citar seu exemplo, o oficial romano justifica a submissão de Jesus a uma autoridade
superior? Se assim, que um? Mateus 15: 24-28

16. *De acordo com a passagem em* Mateus 15: 24-28, *o que os súditos de Jesus seriam comparáveis aos do Centurião?* Apocalipse 1: 1

17. O que era o oficial romano esperando que Jesus tivesse acesso a um pedido de ajuda? Mateus 15: 24-28

18. Como Jesus avalia a fé desse oficial romano? Mateus 15: 24-28 *33*

19. *A que outro exemplo este episódio nos remete?* Mateus 15: 24-28

DUAS PESSOAS ESTRANGEIRAS À NAÇÃO DE ISRAEL: RESULTADO DA MESMA FÉ!

20. Como o soldado romano e a mulher siro- fenícia foram encorajados por Jesus, seguindo suas respectivas buscas?

21. E para tirar qualquer ambigüidade sobre sua missão em favor do resto do mundo, o que Jesus diz sobre isso?
22. Por outro lado, que ultimato Jesus deu aos judeus?
23. Mas foi essa fé surpreendente em favor dos enfermos a expressão perfeita de fé que conduz à salvação eterna?
24. Jesus pode ficar surpreso? Ele que sabia tudo sobre o homem.
25. Mas que morte foi essa? Biológico ou espiritual? *1 Coríntios 15: 48-57*
26. *Morte, onde está sua vitória? Ó morte, onde está o seu aguilhão?*
27. O homem comeu a fruta! Sim ou não? *Gênesis 3: 9-12*
28. *Adão, depois de ter comido o fruto proibido, por que ele não morreu imediatamente dele naquele mesmo dia? Gênesis 3: 17-19*
29. Mas quais são as condições para o novo nascimento espiritual?
30. *Então, qual é a conseqüência da desobediência de nossos primeiros pais no Jardim do Éden? 1 Coríntios 15: 20-28*
31. Adão não mais carregando o espírito de Deus nele, os filhos nascidos após seu

pecado, de quem eles terão a semelhança? *1 Coríntios 1 15: 42-47*

32. Mas Adão e sua família experimentaram imediatamente a morte após a profanação da lei divina? *Gênesis 2: 16-17*

33. *A razão pela qual Adão não morreu no dia em que comeu o fruto proibido como Deus o advertiu 2 Pedro 3: 8-10*

34. Se um `` dia é igual a 1000 anos '' até que idade Adam vive então?

35. Mas por que Adão não soube imediatamente da morte naquele mesmo dia? *2 Pedro 3: 8-10*

36. *Então, como estamos preocupados? Atos 17: 26-28*

37. *Como Jesus qualificou aqueles que têm apenas vida biológica adâmica? Lucas 9:60*

38. Então, como é possível que uma morte espiritual trabalhe para Deus?

FALSAS CONCEPÇÕES DO NOVO NASCIMENTO

39. O zelo para evangelizar é prova suficiente de ter adquirido nascimento espiritual? *Atos 18: 24-28* Um judeu chamado Apolo

O QUE NOS DÁ UM NOVO NASCIMENTO *João 1: 9-14*

46. Quem ou o que recebemos quando a Bíblia fala *" mas para todos os que receberam "* aqui? De Jesus ou
de sua palavra? *João 1: 9 - 14*

PANORAMA DAS APARUÇÕES DE CRISTO PARA ALGUNS SANTOS DURANTE OS TEMPOS APOSTÓLICOS

De Ananias a Paulo.

Philippe ao eunuco etíope.

Os dois discípulos de Emaús com os discípulos se reuniram no cenáculo.

Pierre ao Centenário Romano através de anjos e uma visão.

Áquila e Priscila em direção ao Evangelista Apolo.

Thomas

Maria madalena

A MULTIDÃO DE TESTEMUNHAS DE FÉ EM DEUS NA BÍBLIA

Abel aceitou a oferta a Deus por meio de sua fé.

O arrebatamento físico de Enoque ao céu por meio de sua fé: *Hebreus 11, 12: 1-40, 12: 1-8*

O aviso de Deus a Noé antes da destruição dos pecadores da antiguidade. *Hebreus 11, 12: 1-40, 12: 1-8*

O cumprimento da promessa de Deus a Jacó de encher a terra. *Hebreus 11, 12: 1-40, 12: 1-8*

A oferta do sacrifício de Isaac a Deus por Abraão por meio de sua fé ativa. *Hebreus 11, 12: 1-40, 12: 1-8*

A bênção de Jacó sobre seus filhos através do trabalho da fé. *Hebreus 11, 12: 1-40, 12: 1-8*

A transferência dos Ossos de José anunciando a saída do Egito pela fé. *Hebreus 11, 12: 1-40, 12: 1-8*

O nascimento oculto de Moisés pela fé. *Hebreus 11, 12: 1-40, 12: 1-8*

A luta titânica de Moisés contra o Egito por meio da fé corajosa *Hebreus 11, 12: 1-40, 12: 1-8*

A Vitória dos Filhos de Deus sobre as Muralhas de Jericó. *Hebreus 11, 12: 1-40, 12: 1-8*

A multidão de citadas testemunhas da fé em Deus. *Hebreus 11, 12: 1-40, 12: 1-8*

A procissão de testemunhas anônimas da fé em Deus. *Hebreus 11, 12: 1-40, 12: 1-8*

NA MESMA COLEÇÃO DE ESTUDOS BÍBLICOS:

1. A PROFECIA MAIS LONGA DA BÍBLIA; TÍTULO I, O BATISMO DE JESUS CRISTO, A ANUNÇÃO DO SÃO DOS SANTOS.
2. A PROFECIA MAIS LONGA DA BÍBLIA; TÍTULO II, A PURIFICAÇÃO DO SANTUÁRIO, SATANÁS É CAÇA PARA FORA DO CÉU.
3. O FIM DO MUNDO NA BÍBLIA E NO SINAL DA BESTA, O " 666 ".
4. O GRANDE SINAL DA BESTA, O (666) REVELADO.
5. COMO OS HOMENS JÁ TOMARAM O SINAL (666) DA BESTA NA FRENTE?
6. COMO OS HOMENS JÁ TOMARAM (666) O SINAL DE BESTA NA MÃO?
7. OS DEZ MANDAMENTOS DE DEUS E A SALVAÇÃO EM JESUS CRISTO.
8. OS TEMPOS, O PECADO DE JUDAS NA IGREJA CONTEMPORÂNEA APOSTASIADA.

9. QUAIS SÃO OS OUTROS SINAIS DA BESTA?

10. O FUNCIONAMENTO DA IGREJA APÓSTATA.

11. PARAÍSO E ESPERANÇA CRISTÃ.

12. A IGREJA, OS CRISTÃOS.

13. QUEM É O VERDADEIRO DEUS?

14. HÁ UM DEUS!

15. EXISTE UM SENHOR!

16. HÁ UM ESPÍRITO!

17. EXISTE APENAS UMA FÉ!

18. HÁ UMA ESPERANÇA!

19. HÁ UM CORPO!

20. EXISTE APENAS UM BATISMO!

21. O SELO DE DEUS NO APOCALIPSE.

22. O SELO DO DIABO NO APOCALIPSE.

23. O DIA QUANDO DO VATICANO, a grande prostituta, a mãe do necessário será DESTRUÍDO.

24. AQUI ESTÁ O GRANDE SINAL DO FIM DOS TEMPOS E DO RETORNO DE JESUS DE CRISTO.

25. O MOVIMENTO ISLÂMICO DESCRITO NO LIVRO DO APOCALIPSE.

26. A ÚLTIMA IGREJA, OS 144.000, O RETORNO DO SENHOR JESUS CRISTO E A ETERNIDADE.

27. *VIGÉSIMA SÉTIMA ESCRITA: O TESTEMUNHO! VIDA E TESTEMUNHOS CRISTÃOS!*

Printed by Books on Demand GmbH, Norderstedt / Germany